시.작.하다

시.작.하다

[시작:始作] 처음으로 하다
[시작:詩作] 시를 짓다

권태진 지음

[오늘 시작하는 그대에게]

성빛

나의 시작의 공간

하늘 사랑 가슴에 담았다가
이젠 사랑의 흔적을 시작의 공간에
잡아 둘 수 있어 감사합니다.

빗물을 받아둘 수 있는 그릇,
흐르는 강물을 가둘 수 있는 땅이 소중하지요.
가뭄에도 염려 없는 호숫가에 생명수 되어
심은 나무 잎 피우고 열매 달리게 하는
영혼의 샘물을 머금은 목회시선.

방송을 통하여 흔적 없이 허공에 날아간 것을
엮을 수 있도록 힘쓰는 이들과
항상 푸른 맘으로 협력하는 내자에게 사랑을 고백하며
감사를 드립니다.

감사하고 사랑해요. 신령한 가족 모두.
그리고 이 글을 읽는 모든 분께
하나님의 은총이 있기를 기도했어요.
난 항상 하나님과 사람 모두에게 사랑에 빚진 자예요!

이천십육년 칠월, 송암 **권 태 진**

• contents •

목회를 시.작.하다

가정을 시.작.하다

사랑을 시.작.하다

1

목회를 시.작.하 다

For I became a father in Jesus

1 Corinthians 4:15

둘이 하나로.

처녀
총각
둘이 하나로
사뿐히 밟은 색동길
작은 문간방 둥지

남편은 신학생
아내는 생활 전사
고단한 문틈으로
숨어든
질병의 얼룩, 가난의 그림자

버거워서 버거워서
쫓겨간 삼각산 기도원
40일의 통곡

뒤돌아보니
그 눈물은
우리 집의 든든한 기초

주님이
사랑으로 시키신 훈련
감사로 노래하네.

세월은 참 빨리 지나갑니다.
신학생 때를 돌아보면 어려운 일이 많았더군요.
그러나 그 모든 과정은
오늘을 위한 예정과 훈련이었다는 생각이 듭니다.

신혼 때 저희 집은 남의 집 문간방이라서
부엌도 따로 없었습니다.
지하에 조그만 공간 하나를
부엌으로 사용했습니다.

하루는 장모님이 저희 집에 오셔서
두부를 구워주셨습니다.
기대하며 두부를 한 입 베어 물은 순간
쓸쓸한 맛이 느껴졌습니다.
알고 보니 부엌이 너무 어두컴컴한지라 그만
세제를 식용유인줄 알고 부어서
두부를 구우셨던 것입니다.

제가 학교에 갔다가 돌아올 때면
아내는 회사에 갔습니다.
대문에서 만나면
너무 미안해질 때가 있었습니다.
저는 문 앞에서 만난 아내의

두 손을 꼭 잡고
"꼭 행복하게 해줄게"
말해주었습니다.

하나님은 또 연단하셨습니다.
아내는 신학생 남편 뒷바라지를 하던 고통과 수고로움이
병이 되었습니다.
아내가 큰 수술을 받고 고비를 넘길 때
저는 삼각산에서 사십 일간 기도하며
전도사의 길에서 도망치려 했던 마음을
깊이 회개하고 성령의 인도함을 받게 되었습니다.

심령에 매임을 얻어,
목회자로 바르게 서겠다고 몸부림치며 일어선 그때,
군포로 오게 되었고, 목회가 시작되었습니다.

하나님은 여러 가지 환경들을 통하여,
어려울 때 가난도 체험케 하고
사랑도 체험하게 하셨습니다.

그리고 무엇보다도
믿음으로
둘이 하나가 되어 성령님을 의지할 때,
어려움을 극복하는 인내와 능력을 주셨습니다.

믿음으로 둘이 하나가 되었을 때,
어려움을 극복하는 에너지를
충만히 주십니다.

군포에 오다.

난생 처음 듣고 본 동리
군포,
성령님 인도했어요

작은 차 반만 채운
단촐한 이사

불도 없고 물도 없고
연탄 아궁이에 물 나는 집

그래도
믿음, 소망, 사랑
능력 삼고
목회의 꿈 키웠어요.

시작노트 # 02

사람이
무슨 일을 계획해도
걸음을 인도하시는 분은 하나님이심을,

예수를 믿는 사람이라면
모두 체험할 것이라 생각합니다.

삼각산에서 사십 일 기도 후에
목회의 길을 다짐했을 때
우리 집 우체통에 '복음신문' 이 날아들었습니다.
군포 모 교회에 후임자를 찾는다는 광고를 보았습니다.
신문에 난 교회를 찾아가던 길,
버스를 잘못 타는 바람에 군포역에 내렸고
그 근처에 제 눈에 쏙 들어오는 곳이 있었습니다.

쓰레기장 바로 옆
연립주택을 건축할 때 사용한
함바 천막 하나가 덩그러니 있었습니다.

'아 저곳이 좋겠다!'

그리고는 바로 친구들과 와서 천막을 쳤습니다.
그때는 돈은 다 아내의 병원비로 쓰고

아무것도 가진 게 없는 상황이었기에
아내 친구에게 삼십 칠만 원을 빌리고,
누군가 헌물해주신 오르간을 놓고
현판을 천막 옆 아카시아 나무에 붙였습니다.
그렇게 시작된 것이 우리 군포제일교회입니다.

70년대 군포는 물이 귀한 동네였어요.
어느 날 우물이 있는 집에서
바케스에 물을 가득이 퍼서 나오려는데
주인이 들어와 왜 물 퍼가냐며 호통을 쳤습니다.

결국 주인의 성화로 물 두통을 도로 붓고
빈 바케스를 덜렁덜렁 들고 나오는데
그때 마음이 참 비참했어요.

하나님의 인도로 온 군포였지만
지금 생각해보면 하나님께서 연단하는 훈련소였습니다.

마치 가난하고 병들고 소외된 사람의
아픔을 배울 수 있는
고난의 학교에 입학한 것 같았습니다.

03

그냥 앉아 있을 뿐.

낙엽 지는 소리와 함께 천막 예배당 지날 때
신음하듯 부르짖는 기도소리는
엄마 품 찢어지게 우는 아이의 모습

무더위로 겨울준비 부족해
속부터 시려오는 초겨울
엎드리다 엎드리다
머리 다리 사이로 달팽이 모습
구부러진 허리
허기진 배 쪼로록 소리
서러움의 씨 되어 왈칵 눈물 솟게 한다

천막교회 철야는 추위와 외로움 자체
이 모습 자신도 인정 못하나
꼼짝없이 심령 결박된 몸 어쩔 수 없다

자원하고파 한 것 아니요
버림받을지라도 피하고 싶은 십자가

형편없는 이들의 조롱
심장이 터지도록 한스러움 속 생명 사랑 움틔우고
고난의 수렁 기쁨 샘 토하고
농지 물길 따라 황금들녘 농부 되니

흙의 진실함
콩 심은데 콩 주고
팥 심은데 팥 주심
사랑의 빛으로
풍성한 수확 상 주시는 님

오직 주님 아시니 저는 모든 것을 할 수 없습니다
죽을 수도 살 수도 없는 자입니다
그냥 앉아있을 뿐입니다.

천막 예배당을 세웠을 때 하나님께 서원하기를,
이곳에서 10일 동안 철야를 하겠다고 기도했어요.

78년 10월, 그해에는 추위가 일찍이 왔습니다.
너무 춥고 힘들어서 서원한 것을 후회하기도 했습니다.

추위를 견뎌 보려
무릎을 꿇고
얼굴을 다리사이로 쏙 넣은 채
웅크리고 기도했습니다.

그때 제 몸무게는 오십삼 킬로그램이었어요.
제 모습은 마치 한 겨울에 벌거벗은 아이가
젖이 나오지 않는 엄마 품에서
젖꼭지를 물고 있는 것 같은 모습이었습니다.

너무 춥고 힘이 들어서 기도도 잘 되지 않아
멍하니 예배당 바닥에 앉아 있었습니다.

깜깜하고 춥고 배고프고
허기진 배에서는 연신 꼬르륵 소리가 났습니다.

동네 사람들은 쓰레기장 공터에 천막을 친
제 모습을 이상한 눈으로 보았어요.
'미친 사람이 아닌가!'
힘들게 이곳에 온 저와 아내를 사람 취급하지 않을 정도였습니다.

한번은 다른 교회 권찰 한 분이 라면을 끓여주었는데,
그 교회 교역자 분께서
족보도 모르는 목사를 대접했다고 면박을 주어
굉장히 가슴 아팠던 적도 있었고,

비오고 바람 부는 날에는
물먹은 땅이 핀을 토해내
천막이 휘청휘청 날아갈 위기에 처하기도 했습니다.
참 힘든 시간들이었지만
가만히 앉아있는 수밖에 별 다른 도리가 없었습니다.

큰 풍랑을 만나 맥없이 주저앉은 사람처럼,
너무 힘드니까 구체적으로 구할 기도제목도 잊은 채
주여, 주여, 외치며
서원한 시간을 채우려
그저 앉아 있었습니다.

그때의 제 모습은 역시나
연단의 터널 속이었습니다.

04

가정교회.

하나님의 기도응답
감사의 눈물

바람 불고 비가 와도
잠 잘 수 있는
아담한 가정집으로
예배 처소를 옮겼다

큰 방은 예배 처소
작은 방은 우리 집
며칠씩 넥타이 메고 지내는 긴장 속

성탄절 이브 찾아 온 걸인
따뜻한 가정교회 향기가 가득
코 막고 돌아앉은 젊은이들

걸인도 귀하여 축복 기도하니
어디론가 종적을 감추었다

오늘도
손 모아 기도함은
처음 떨림
처음 영혼 사랑
천국에 가는 날까지
유지 되게 하옵소서.

시작노트 # 04

저는 개척교회를 신혼이라고 표현합니다.
신랑 되신 예수님과 신부된 우리 부부가 있고
기도의 응답도 빠른 때였습니다.
천막이 넘어지고 힘에 부칠 때쯤,
'하나님 비가와도 바람 불어도 편안히 잠잘 수 있는 환경 주세요'
라고 기도했더니 그만 천막이 철거당해 가정집으로 들어가게 되었어요.
그래서 가정이 교회가 되었습니다.
이후 비가 와도 편히 잘 수 있는 환경이 너무 행복했습니다.

가끔 원치 않는 사람이 찾아오기도 했습니다.
안양교도소가 가까워 가끔 출소한 사람들이 차비를 얻으러 오곤 했습니다.

하루는 걸인이 찾아왔는데 따뜻한 방에 앉아 있으니
얼마나 냄새가 나던지, 숨을 쉴 수 없을 정도라
옆에 있던 여 청년들은 코를 막고 돌아 앉았습니다.
저는 여느 때와 같이 예배를 드리고 그 걸인에게 가서
간절히 축복기도를 드렸습니다.
기도가 끝나고 눈을 떠보니 그가 보이지 않았습니다.
기도 받고 나니 얻어가는 것도 잊어버리고 서둘러 가버린 듯 했습니다.

그때 그 분이 우리에게 찾아온 예수님이 아니었을까 생각합니다.
참 기도가 있고 성령이 있는 곳에서는 변화가 있고
믿음이 살아나는 것을 새삼 느끼며 가정교회를 추억해봅니다.

우리 선교원 아이들의 눈은
세상을 담아내는 눈입니다.
티 없이 맑고 깨끗해서
함께 있으면 굉장히 행복합니다.

아이들은 우리의 미래다.

소복히 모인 자녀들
맑은 눈 가득 나의 눈에 담아
가슴으로 돌진하고 다리 잡고 흔들어댄다

"기도해 주세요"

저들이 무엇을 알고 기도 부탁할까!
선생님이 무엇이라 가르치셨을까!

"오냐, 기도하자"

전능하신 주님
꽃이 피면 열매 맺고
비바람 불어도 불어도
곳간까지 가는 열매 되게 하소서

추하지도 초라하지도 않게
당당하고 곱고 아름다운 알찬 삶으로
주님의 사랑 안에 기도로 호흡하고
말씀의 높은 망대
전능자 자녀의 권세로
영원한 승리자 되게 하소서!

교회를 개척한 지 삼 년 만에
선교원을 시작하게 되었어요.
하나님의 축복이었습니다.

우리 선교원 아이들의 눈을
가만히 바라보았습니다.
세상을 담아내는 눈입니다.
티 없이 맑고 깨끗해서
함께 있으면 굉장히 행복합니다.

아이들은
영적인 영향을 가장 빨리 받습니다.
하나님은 제게
그 아이들 속에 깊이 숨어 있는 에너지를
볼 수 있는 힘을 주셨습니다.

그래서 우리 제일선교원은
지금까지 계속되고 있습니다.

졸업한 아이가
성인이 되고
결혼을 하고
아이를 낳아서

그 자녀를 선교원에 보냅니다.

제일선교원의 아이들은
가정과 나라와 교회의
미래를 좌우하는 소중한 아이들입니다.

삼십 년의 선교원 역사도
하나님의 인도와
성령의 역사가 있어야함을 고백하며
우리 아이들 사랑하는 마음을
기도로 표현해봅니다.

목사는 무엇입니까.

주님이여
목사는 무엇입니까?

주님 모르는 사람들과
마음으로도
말로도
싸울 수 없는
목사는 무엇입니까?

주님이 내게 주신 대답

종아,
차라리 네가 져라

아들 이기는 부모 없고
부인 이기는 남편 없고
동생 이기는 형 없단다
사랑하기 때문이지

네게 준
내 사랑은
너 위한 은사 아니라
그들을 위한 것

너의 눈에는 가시이나
내 눈에는
너를 치료하는
소중한 도구란다

오 주님!
종의 나약함을
용서하소서.

저는 목사가 되는 것이
두려웠습니다.

모든 사람에게 주목을 받아 자유도 뺏길 것이고,
사업해서 돈을 벌수도 없을 거라 생각해서였습니다.

그런 갈등 속에
성령의 강권적인 인도를 받아
하나님의 부르심을 체험하고 목사가 되었습니다.

과거 우리 선배 목사님들은 이렇게 가르쳤습니다.

'배고파도 배고프다고 하지 마라'
'성도들이 왔을 때 밥 짓는 소리가 안나면
부담 느끼니까 맹물이라도 끓여라'
그리고
'참아야 된다.'

여러 말씀을 듣고 나니 정말 힘들 것 같았어요.
그리고 제가 서른 즈음에 개척을 하고 목사가 되어보니
그 어른들의 말씀이
가슴에 시리도록 와 닿았습니다.
그러나 한편 아픔이 있어도

그 말씀을 지켜야겠다고 생각했습니다.

어느 날은 앞집이 건축공사를 하고 있었습니다.
한 분이 와서 우리 집의 전기를 끌어 쓰겠다고 해서 허락했습니다.
그리고 제가 군포제일교회 목사라고 했더니
그때부터 그 사람의 표정과 태도가 달라졌습니다.
목사라면 당연히 구제하고 선하게 살아야 한다고 생각한 것인지
우리 집에서 전기를 쓰는 것도 당연하게 여겼습니다.

그때 화가 난 저는
'님이여 어떻게 해야 됩니까?'
기도했습니다.

그러자 하나님은 제게
사랑으로 이기게 하시고,
승리하게 하시고,
축복하시는 분임을 깨닫게 하셨습니다.

그래서 하나님 앞에서는
범사에 감사할 수밖에 없었습니다.

주님!
모르는 사람들과
마음으로도 말로도 싸울 수 없는
목사는 무엇입니까?

주님이
내게 주신 대답

좋아,
차라리 네가 져라

나의 호흡.

사랑과 분별의 거룩한 빛
열린 가슴 틈 사이로 스며듭니다

아집, 고집의 정체는 부끄러움과 위선
주님의 십자가 사랑 앞에 눈물로 고백합니다

"내 눈에 들보를 보라 하였건만
남의 눈에 티 빼려 함은 무슨 연고냐"
주님의 음성 들리니
"내가 죄인 중에 괴수니라" 하던
바울의 탄식, 가슴에 메아리 됩니다

용서와 사랑의 은혜 입은 나
범사에 감사가 나의 호흡 됩니다

우리의 육체가 늘 호흡하듯
사상도 항상 호흡합니다.

하나님을 만나고 예수님 안에 사는 사람은
사상의 호흡을 통해 행동이 점차 달라집니다.
이웃을 내 몸과 같이 사랑하는 마음이 생기고
내 것보다 상대의 것을 소중히 여기려고 합니다.

성령이 역사하는 곳에도 호흡이 있습니다.
기쁨의 호흡,
기도의 호흡,
감사의 호흡입니다.

'항상 기뻐하라 쉬지 말고 기도하라 범사에 감사하라'
바울사도의 말씀은 영적인 호흡으로 나타나는 열매이며 생활입니다.

이 말씀이 점점 가슴 속 깊이 자리 잡아 나의 호흡이 되었습니다.

이는 나에게서 온 것이 아니라
하나님께서 은혜로 주신 믿음이며
성령님께서 주시는 소산입니다.

저는 오늘도 범사에 감사로 호흡합니다.

샘물같은 곳.

푸른 숲 조용한 바위
심령의 갈한 목 축이며
세속에 지친 몸 던지려
뻐꾸기, 꿩 노래소리
물 흐르는 소리 들으며
님의 말씀 한줄 두줄 읽는다

아내가 사준 하얀 티셔츠에
자벌레 한마리
배 둘레를 한자 두자 재고 있다

징그러워 얼른 떨어버리고
다시 내 마음은
주님의 사랑과 교훈의
신령한 공기를 호흡한다

에덴 기도원 중턱 작은 바위는
나의 영혼 소생시키는 감람원
축이는 샘물같은 곳

20년을 한결같이 묵묵히 나와 같이 하나
기도원 원장님 두 번 바뀌고
그토록 반기던 육체
텃밭에 계시네요
나는 언제 흙으로 갈까요

군대 간 막내아들 전화 걸어와
"아빠 건강하세요 결혼해서 모시고
다니면서 효도할게요"
말만 들어도 고맙다

좋은 목사 되는 것이 효도란다
혼자 생각하다 싱긋이 웃으며
바위를 떠난다.

제가 사는 곳 근처 대야미란 동네에
에덴기도원이 있습니다.

그곳에 가면
동산 중턱에 작은 바위가 있는데
그 바위는 제가 목회하다 어려울 때마다 찾아가
기도하는 곳입니다.

바위에 앉아 기도하다가
누워서 하늘을 보면
나뭇잎 사이로 뚫어진 하늘에
구름이 흘러갑니다.

그 풍경을 보고 있노라면
인생의 무상함을 깨닫습니다.
세상의 무언가를 취하거나
가지려고 하는 생각은 점점 물러가고
헛된 마음을 비우게 됩니다.

그리고
하나님께서 성령을 부어주시면
그 은혜를 덧입고
두 주먹 불끈 쥐고 내려와서

목회를 새롭게 새롭게 할 수 있었습니다.

그래서
성도들을 생각하며 기도했던
에덴기도원은
지금도 제 마음 속에 가득히 차 있습니다.

실개천 만나고

낭떠러지를 만나고

자갈들 사이에서

깨어졌던 물은

맑아요.

가자 가자.

가자 가자
설 수 없으니 가야 한다

서서 사는 인생도 눕고
앉아 사는 인생도 눕는데
반짝 세상 사는 동안
열심히 뛰자 뛰자

머리는 하늘 향하게 위를 보고
할 수 없는 것을 해 보자

가슴 올올이 어루만지는
거룩한 주님의 능력 안에
가자 가자

나의 육
북망산 기슭 한줌의 흙으로
내려 앉는 날까지.

목회와 자전거 타기는
공통점이 있습니다.
가만히 서 있을 수
없다는 것입니다.

중단하고 싶다고 해서
중단할 수 없습니다.
우리 육체의 숨도
마음대로 중단 할 수 없어요.
언제든지 호흡해야 살 수 있습니다.

목회는 하나님이 맡기신 일이기에
아무리 힘들고 어려워도
사표를 낼 수 없습니다.

어려움이 오면 하나님을 바라보며
'하나님 중단할 수 없습니다.
내 생명 하나님 것인데 어떻게 힘들다고 중단하겠습니까?
일어나겠습니다.'
기도하고
내 자신에게
이 시를 읊조렸습니다.

"가자 가자."

인생을 오래, 편안히 살고 싶어 발버둥 쳐도
단 몇 년 차이입니다.
중요한 것은 세상에서의 삶을 마치고
갈 곳이 확실한가입니다.

서서 가도, 앉아서 가도
결국 누웠다가 떠나는 인생인데
안일하게 앉아 있을 수 없으니 가자.
그렇게 내 자신을 재촉해
달려가고자 하는
가슴 속으로 외쳐봅니다.
"가자 가자"

10

흐르는 물처럼.

흐르는 물처럼 잡을 수 없는 인생
무리지어 바다로 흘러간다

평평한 길보다 험한 길 주십사
애원하는 물소리
언덕 만나 떨어지니 폭포 되고

하얗케 부서지니
하얀 드레스 속
푹 배인 사랑으로 모이는구나

춤과 노래가 있는 길 택하는 생수처럼
고난 역경도 좋아하는
의인의 오솔길 삶

골고다 십자가 보혈
인생 길 바꾸니
슬픔 너머 기쁨이 피어난다.

흐르는 물을 보며
인생도 그와 같이 흐름을 깨닫습니다.

아무 어려움 없이 흐르는 물은 깨끗하지 않습니다.

그러나 실개천을 만나고
낭떠러지를 만나고
자갈들 사이에서 깨어졌던 물은 맑아요.

인생도 굴곡과 깨어짐을 반복하며
여러 환경을 만났다가도
기도로 빠져나오고,

하나님 앞에서
물질 초월하는 삶으로 가면
'굽이치는 이 길이 바로 성화로 가는 오솔길이구나!'
스스로 깨닫게 됩니다.

흐르는 물의 여정 속에서
우리의 삶을
느껴봅니다.

11

응답의 하나님.

내가 너를 붙잡고
존귀하게 쓰리라

너 돕는 자를 보내 주며
내 종인 너를 나의 권위로
직분자 성도 세상 앞에
권위자로 당당히 서리라

택한 백성 온 성전
가득 채우리니
환경 너머 일하는 님 보고
감사하고 담대하라

나의 품에서
여유 담력 누리며
착하고 충성된 종 되어라
고난의 행로에
권위와 누림이 따라 오리라

너 남한산성 밤 기도
듣고 보여준 환상
영원히 잊지 말거라

하얀 막대 끝 금십자가 든 아이
성난 황소 제압한 철장권세 입힌
나를 의지하라

종아,
서러워 말고
순종자 들어
머리 되게 하심 믿고
행복을 노래하라.

아이들은 엄마에게
'엄마 나 사랑해?' 묻습니다.
저는 산에 올라가 기도할 때면
'하나님 정말 나를 택하셨습니까?' 묻습니다.

앞으로 닥칠 고난을 내가 이길 수 있을지
몸부림의 기도를 올릴 때가 있습니다.
그럴 때마다 하나님은 저에게
처음 주신 비전을 생각나게 하셨습니다.

우리 교회의 심벌Symbol을 보면
하얀 막대 같은 십자가를 든 작은 손이 있습니다.

이 어린아이의 손은
제가 목회자의 길을 앞에 두고 갈등하며
남한산성에 올라가 부르짖으며 기도할 때
하나님께서 제게 환상으로 보여 주신 것입니다.
그 환상은 하얀 십자가 봉을 잡은 어린아이의 손이
하얀 황소를 좌지우지하는 모습이었습니다.

그 후에 전 십자가와 말씀만 있으면
큰일도 잘 감당할 수 있겠다는 믿음이 생겼습니다.
그때 그 환상이 지금도 하나님을 온전히 붙들게 하는 힘이 되어줍니다.

목회자와 성도가

한 가정의
아비처럼, 자녀처럼
어우러져

험한 세상도
함께 살아내기를

소원합니다.

가정처럼.

하나님이 사도 바울을
아비목회하는 자로 세워
디모데는 아들로
에바브로디도는 형제 동역자로
그들의 아픔을 자신의 아픔으로 여긴 것처럼

성도나 주의 종의 아픔을
온 교회의 근심으로 인정하고 극복함이
교회의 참 모습인데
어쩌자고 이 세대는
지체를 이기주의로 만들어
주님의 마음을 아프게 하는가

아, 아파하는 자와 아파하자
기뻐하는 자와 기뻐하자
주님의 사람을 존귀하게 대하자

세상에 목숨 걸고 있나
그리스도 위해 죽기까지
자기 목숨 주님께 맡기고
바울을 협력하듯 목회에 협력하고
빌립보 교회
부족을 채우자

힘을 보태고
포기하지 말고
기도의 능력을 믿자

사명 감당 위해 일어나
모두 화합하여
신령한 가정 되어보자.

교회는 신령한 가정이라고 생각합니다.
신령한 가정에는
아비가 있어야 합니다.

아비의 자세는
바울사도가 디모데에게 한 것처럼,
양육의 책임을 지고
보호의 은혜를 알려주는 것이죠.

저도 가정을 위해 희생하는 아비의 자세로
목회를 하다보니
성도들의 필요가 먼저 보였고
채우게 되었습니다.

아이들이 태어나면 선교원에서 교육했고,
어르신들을 모시고 노인학교를 열었고
하루 종일 혼자 거하시는 어르신을 위해 주간보호 시설을 마련하고
가난한 사람의 고통을 헤아려 푸드뱅크를 시작했습니다.

모든 돌봄과 나눔은
가정처럼만 하면 채워집니다.
가정은 힘 있는 사람이 섬기고
연약한 사람이 보호받는 곳입니다.

우리 교회는 바로 이런 가정을 소원합니다.

목회자와 성도가
한 가정의 아비처럼, 자녀처럼
어우러져 험한 세상도
함께 살아내기를 소원합니다.

우리사회도 모두가 신령한 가족으로서
이 나라의 백성이 된다면
정말 살기 좋은 곳이 될 것입니다.

읍 시나 시.

산 돌아 강 돌아
하늘의 물이 바다의 물 되듯
시골동리 남면 읍 지나 시 되고
돈사 축사 채소밭이
산본 아파트 숲 이루었다

수리산 부엉이 독창
산새의 합창 중단되고
개울 흐르는 물길
콘크리트로 덮였다

삼십여 년 간
만남과 헤어짐 속에서
사랑과 미움의 추억들
가슴에 돋아나니
인생의 맛과 조화
속속들이 아름답다

새사람으로 푯대를 향해
함께 사랑하며
사랑의 여울에 몸 담그고
생명의 길 십자가의 삶
구속과 누림의 은혜를
감사로 싹틔우고 새롭게 시작한다

욕심 안일의 결박 성령으로 이긴 자
나그네 인생 본향을 사모하며
주님 품에 안겨
순종의 길로 달려가길 다짐한다.

6·25 전쟁에 참전했던 한 외국 병사가
노년에 대한민국을 방문했다가
놀라움을 금치 못했습니다.

폐허가 되었던 나라가 눈 깜짝할 새
눈부시게 발전하고 성장했기 때문입니다.

저도 처음 이곳에 왔을 때 군포는 면 소재지였습니다.
얼마 있다 읍이 되고 그 읍이 시가 되었습니다.

우리 집 뒷산에선 부엉이가 부엉부엉 울었었는데
지금은 새소리도 다 그쳤습니다.

변하는 인생만큼 자연도 변하고
동네도 도시로 변화하는 모습이
지나고 나면 놀라울 따름입니다.

한 동네가 읍 지나 시가 되는 것처럼
사람도 머물러 있지 않고 항상 푯대를 향하여 갑니다.

그 변화무쌍한 길의 종착역이 어디냐에 따라서,
삶의 질이 달라집니다.

오늘도 주님께 묻습니다.

사망의 길 벗어나 생명의 길,
너머 순종의 길로 저는 가고 있는지요.

2

가정을 시.작.하 다

Love your wife, just as Christ loved the church

Ephesians 5:25

14

이사 오던 날.

잉태한 아내와 군포로 이사 오던 날
살림은 고작 삼륜차 반쪽
처녀 때의 가방 두 개와 책이 전부

아내를 아끼는 분들
불쌍하다고 울었다

신혼 둥지는 월세방
교회는 천막 예배당

난 말씀 전무하고
아내는 뒷바라지

배고픔의 서러움
사랑으로 이겨내고

목양을 위한 훈련
단련하신 사랑의 용광로

거룩한 비전주어
이기게 하셨다

아담의 고백처럼
뼈 중의 뼈 살 중의 살
추억 속 내 아내

아픔을 추억 만드시는 하나님께
범사에 감사로 영광 돌린다.

군포에 이사 오던 날,
신혼집에 있던 짐을 꾸려 삼륜차에 실었습니다.

짐은 아내가 처녀 때 쓰던
가방 두 개와
책 보따리,
그게 전부였습니다.

조그만 차의 반쪽이 채워졌습니다.

결혼할 당시 처갓집에서 농을 해주려 하신 것을
돈으로 달라고 해서 성경 주석을 샀습니다.
그리고 비키니 옷장으로 농을 대신하여 살았습니다.

같은 교회에서 함께 신앙생활 했던 사람들은
군포로 떠나는 제 아내를 붙들고 울었습니다.

눈물 바람이 불었습니다.
실력 없는 목사를 만나 고생하러 간다고 안타까워했습니다.
그렇게 힘들게 이곳에 둥지를 틀었습니다.

지금까지 우리 가정은 열두 번 이사를 다녔습니다.
시작은 어려웠지만 지금은 하나님의 은혜로

교회도 아홉 번째 예배당을 마련했습니다.

하나님이 채워주실 때마다
가난한 사람,
소외된 사람과 함께 일구어 온 삶이
참 행복했습니다.

나눌 수 있는 행복을 알게 하시고
보이지 않는 능력의 손으로 지켜주신 주님께 고마움을 느끼며
이사 오던 날을 추억해봅니다.

눈물 바람이 불었습니다.
아내 친구들은
실력 없는 목사를 만나
고생하러 간다고 안타까워했습니다.
그렇게 힘들게 이곳에 둥지를 틀었습니다.

15

조금만 참아.

직장에서 돌아오는 아내에게
문 열어 주면서 했던 말
"조금만 참아 내가 꼭 행복하게 해줄게"

마주 잡아주는 아내의 손은
아주 따뜻했었다

고생하던 아내
병원에 입원했을 때
아무도 모르게 혼자 울었다

목회자 훈련의 길 너무 고단해
포기하려 했던 죄 때문에
아내를 잃는 것은 아닐까

한양대 병원 뒷동산에서
소리 없이 흘린 회개의 눈물
주님이 들어주셨다.

시작노트 # 15

참 가난했던 70년대,
남의 집 문간방에 살면서 아내는 회사에 다니고
저는 학교에 다녔습니다.
고생하는 아내에게 분명히
행복하게 해 주리라고 약속을 했습니다.
아내에겐 그 말이 참 힘이 되는 것 같았습니다.

그러던 어느 날 아내는 고생하다 병을 얻었습니다.
저는 아내가 큰 수술을 하는 동안 뒷동산에 올라가
울며 기도했어요.
기도를 하다가 전도사 생활이 너무 힘들어서
이 길을 포기하려고 했던 나의 내면에
문제가 있었음을 알았습니다.
밤새 회개하며 하나님께 은혜를 구했더니
하나님께서 기적같이
아내의 건강을 회복시켜 주셨습니다.

그래서 전 지금도 제 아내에게 빚 갚는 자세로
열심히 사랑하며 행복하게 살고 있습니다.

사랑하는 아내는 제 날개입니다.

첫 딸 태어날 때.

첫 아이 잉태해
한양대 병원에 가니
자궁 혹 자라
태중 아이 위험하다고

그래도
포기할 수 없는 안타까운 부모 마음
주님의 은혜 간절히 기다리니
그 소원 들어주셨다

태교는
천막 예배당 청소
가난과 허기짐에
묻혀버리고

해산의 날 산고는
추위와 고통이
삼켜버리고

혹 아들아이 태어날까
'성근' 이라 이름 지어놨는데

예쁜 딸 태어나니
주님의 은혜 감사해
은혜라 하였다.

하나님은 저에게 두 딸과 한 아들을 주셨습니다.
첫 딸을 가진 후 어느 날,
제 아내가 병원에 입원했다는 소식에 한달음에 쫓아가 보았더니
의사는 아내가 살려면 아이를 수술해야 한다고 했습니다.
"산모가 위험합니다. 보호자 서명 해주세요."
그때 저는 산모와 아이를 함께 살려달라고 부탁했습니다.
그리고 엄청난 충격은 간절한 기도의 씨가 되었습니다.

한양대 병원 뒤 조그만 동산에 가서
밤이 맞도록 회개하면서 많이 울었어요.
정말 이렇게 실력 없는 남편을 만나서
피어보지도 못한 아내가 세상을 떠난다고 생각하니
너무너무 불쌍했습니다.

그러나 그때
그 기도로 저는 사명을 회복하고
아내도 무사히 건강한 자녀를 얻었습니다.

그리고 이 모든 과정이
하나님 은혜라 믿어
첫 딸 이름을 '은혜' 라 지었습니다.

17

운동회 날.

운동회 날 금요일
구역장공부 마치고 달려가니
점심 때가 지났었다

모두 부모님과 점심 먹는데
너희는 화장실 뒤에서 울고 있었지

믿음의 아들 이삭
모리아 산에 결박하고
칼 들이대는 아버지를
이해할 수 있었을까?

내 목회의 길이 너희에겐 유익인 것을
그때는 이해 못하겠지만

주님께 의지해
용기와 믿음과 기도와
사랑의 사람이 되렴.

개척 교회 시절, 자녀들이 초등학교 다닐 무렵입니다.

우리 교회의 구역장 성경공부는 금요일 11시입니다.
그 당시 군포초등학교의 운동회도 금요일이었습니다.
아이들의 운동회 날, 성경공부를 다 마친 후에 학교로 달려갔더니
이미 점심시간이 끝나가고 있었습니다. 부랴부랴 아이를 찾아보아도
보이지 않았습니다. 학교를 한 바퀴 돌아보니
아이가 화장실 뒤에서 울고 있었습니다.
다른 친구들은 이미 엄마 아빠가 와서 함께 밥을 먹고 있는데
점심 때가 되어도 엄마 아빠가 나타나지 않자 어린 마음이 아팠던 거지요.

저희는 아이에게 말해주었습니다.
"엄마 아빠가 열심히 목회 하느라 늦은 것이니 너 슬퍼하지 말아라,
분명 이러한 하나님 중심의 삶이 너에게 큰 유익이 될 것이다."
그리고 함께 기도를 드렸습니다.

그때 화장실 뒤에서 울고 있던 아이는 지금은 기도한대로 꿈을 이루어
좋은 교수가 되었고 앞으로도 승리의 삶이 있을 것입니다.

열심히 하나님을 따르는 가정은 처음엔 고난도 있고,
손해를 보는 것 같지만 나중에는 부모의 선행을 통해
하나님이 자녀들에게 복 주시는 것을 체험합니다.
축복과 위로가 임합니다.

<u>18</u>

아버지의 노래.

얼굴 한번
찬찬히 들여다 볼 새 없이

오직
목회 기도 공부
성도 돌아보는 일
자나 깨나 호흡하듯
주의 일만 하는 동안

예쁘게 자란 고운 내 딸

다섯 살 우리 은혜
피아노 보내 달라더니

초등학교 5학년부터
반주하는
나의 목회 동역자

20년을 하루같이
열심을 다하는
나의 동역자

이제는
우리 가족 모두
소명을 함께 하는
나의 동역자.

아버지로서 가장 뿌듯할 때는
자녀들이 아버지의
존재와
삶과
인격을
존중할 때입니다.

그리고 부모가 하는 일에
기쁘게 협력할 때입니다.

저는 결혼하자마자 바로 목회를 시작하고
그 해에 낳은 맏딸이 있습니다.
은혜는 초등학교 5학년 때부터 예배 반주를 했어요.
이십 년 넘도록 꾸준하게 이름도 없이 자릴 지키며
하나님 앞에 서더니 많은 복을 받았습니다.
미국 존스홉킨스 피바디 음대에서 오르간을 전공하고
호주에서 열린 국제 콩쿨에서 상도 받으며
당당한 음악인으로 성장했습니다.

품 안의 자녀인 줄 알았는데
어느 날 깨달아 보니
동등한 입장에서
목회사역에 협력하는 것을 보면서

아버지로서 노래가 절로 흘러 나왔습니다.

'하나님 아버지,
자녀들을 주심에 감사합니다.
어려서부터 헌신하더니 하나님의 복 받아서
저렇게 예쁘게 잘 컸습니다.'

자란 아이들을 보며
하나님의 은혜에 참 감사했습니다.

<u>19</u>

아들의 부탁을.

"아빠 한번만 저를 도와주세요"

아들의 마음을 알고도 남는 아버지,
도울 능력 있다고 믿어 주니 행복하다

육신의 아버지도
아들 부탁 거절하지 않는데
하물며
사랑의 하나님 아버지는…

기도하는 것은
하나님을 영화롭게 하는 것

아들의 소원을 위해
늙은 아버지는
오늘도
하나님께 무릎을 꿇는다.

막내아들의 군 복무 시절,
쪽지가 하나 왔습니다.
영어로 "Help me, Father" 아버지, 나 좀 도와주세요
라고 적혀있었습니다.

그 후 저는 아들이 있는 부대에 속한 교회에서
수요 예배를 인도하게 되었습니다.
초코파이와 콜라를 사서 장병들을 만나러 갔습니다.
아들은 평소처럼 교회에 나왔다가
강단에서 설교하는 아버지의 모습을 보고
눈이 휘둥그레지며 감격했습니다.

많은 군인들 속에 앉아 있었지만
놀란 아들의 모습이
제게는 단번에 보였습니다.
별다른 능력이 없는 아버지지만
자신을 도와줄 수 있다고 생각한
아들의 한마디에
전 행복했습니다.

아버지의 실력을 알고,
아버지의 능력을 알고,
아버지가 날 사랑하는 줄 알고

구하는 모습,

하나님 앞의 우리 모습이란
생각이 들었습니다.

자꾸 하나님께
기도하고 구하고 부탁하는 것이
자녀된 성도로서
하나님을 기쁘게 하는 일이겠구나, 깨달았습니다.

직접 도와줄 수는 없었지만,
힘들 때 가서 얼굴을 보고 기도해주고 온 것이
그에게는
모든 어려움을 극복하는 에너지가 되었음을
시간이 지난 뒤에 듣게 되었습니다.

제 아들을 통해 하나님의 마음을
조금이라도
이해 할 수 있었습니다.
그래서 행복했습니다.

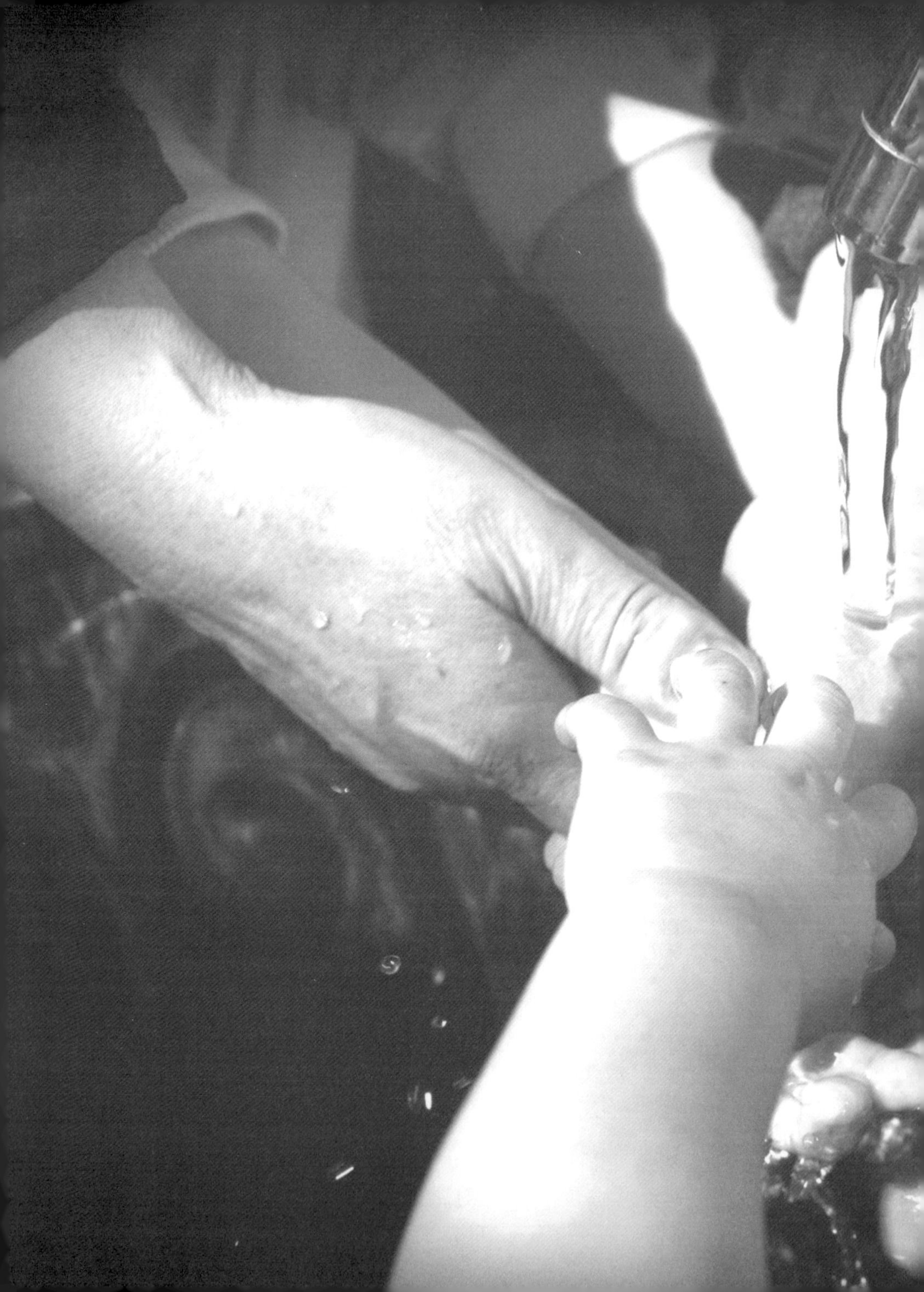

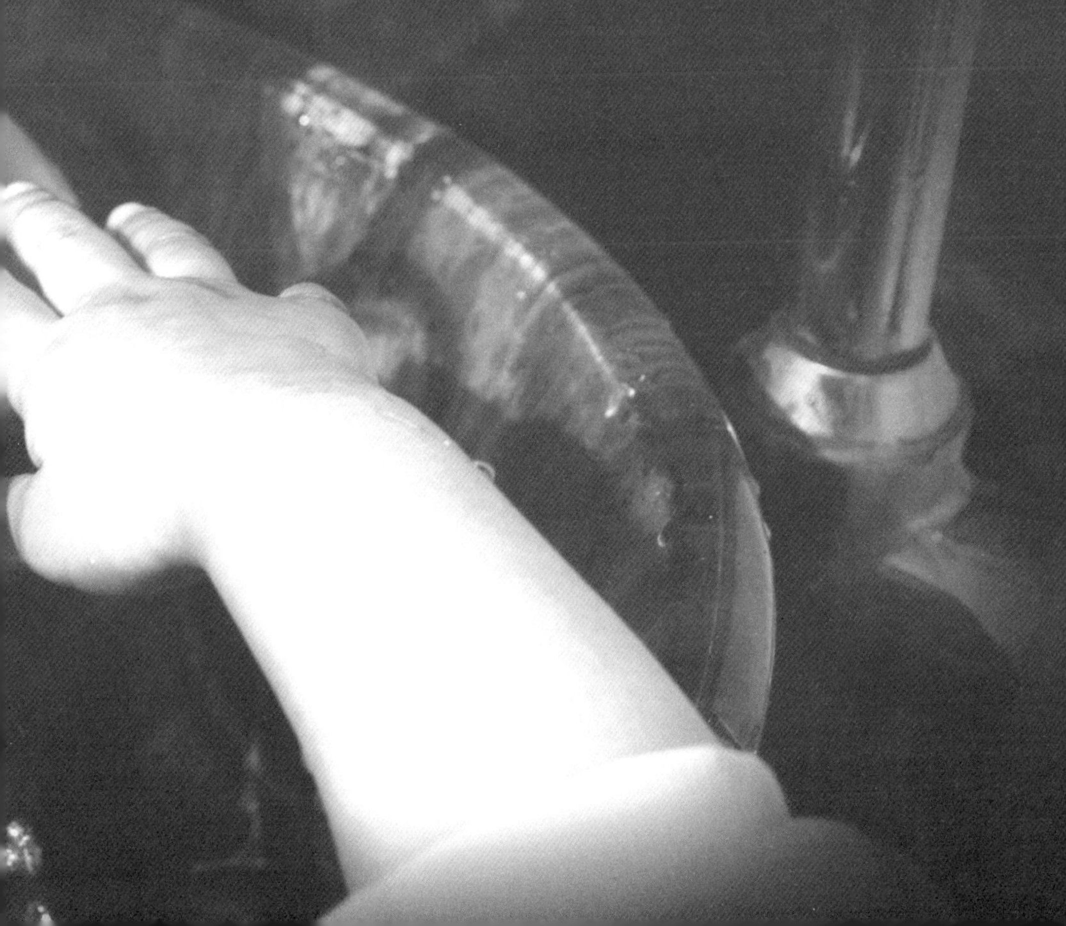

물을 떠오는 사람보다
샘을 파는 사람이 되기를

자신의 욕심을 먼저 채우기보다
다른 사람의 필요를 채워주기를

내 뜻을 펴기보다
하나님의 사랑에 감동된 마음을 품기를

아들아, 준비해야 한다.

목마르기 전
샘을 파는 수고를 하고

전쟁이 일어나기 전
군사를 대비하고

노년이 오기 전
그때를 준비해야 한다

목양을 하기 전에
사랑을 준비하고

인생이 끝나기 전
천국을 준비해야 한다

아들아
무엇을 하고 있느냐?

내일은
네 날이 아니다

그날의 주인은
주님이시니
준비도 주인님의 뜻대로 하는 것,
지혜자의 자세란다.

자녀가 스스로 세상을 살아가기 시작할 때쯤엔
그 상황에 맞게 준비를 시킵니다.

막내아들을 군대에 보낼 때는
여호수아 1장 말씀을 들려주었습니다.

강하고 담대하라.
나라를 사랑하라.
동료들을 배려하고
선임의 말에 잘 순종해라.
늘 말씀 안에서 살아가며
예배도 잘 드려라.
건강하게 잘 다녀오너라.

신학교에 들어가게 되었을 때는

물을 떠오는 사람보다
샘을 파는 사람이 되었으면 좋겠다.
자신의 욕심을 먼저 채우는 사람보다
다른 사람의 필요를 채워 주는 사람이면 좋겠다.
내 뜻을 펴기보다
하나님의 사랑에 감동된 마음을 품기를 바란다.

그것이 지혜자의 마음이라 생각해
조용한 곳에서 기도의 글을 써내려갔습니다.

준비를 한 사람과 그렇지 않은 사람은 그 차이가 큽니다.

훗날 제가 세상을 떠나있을 때라도
자녀가, 젊은 목회자들이,
이 말을 유언처럼 기억하여
바르게 되길 소원합니다.

어머니와의 추억.

반세기 전
부엌에서 콩깍지 태우시며
대성통곡하시던
어머니 절규,
지금도 들립니다

남편 잃은 여인
뜨거운 여름에
그늘도 없이 헐벗어
토끼 같은 두 아들 힘에 겹고

"아들들을 머슴으로라도 보내야지"
"재혼해라"
집안 어른들 성화에

피처럼 흐르는
어머니 눈물
지금도 보입니다

어머니!
고기 먹고 싶다고 보챘던 아들
이젠 어머니 착한 성품 배워
노인들 돌아봅니다

"목사가 기도해야지 잠 자면 되나"
어머니 목소리 들리는 듯해
항상 기도합니다

눈물로 씨를 뿌리는 자
기쁨으로 거두는 진리
뼈 속 깊이 기억합니다.

우리 어머니와의 만남은 참 행복했습니다.

저는 모성애의 위대함을 온 몸으로 느끼며 자랐습니다.
제가 세 살 때 아버지가 세상을 떠나셨고,
서른도 안 되어 혼자되신 어머니 아래 우리 형제가 자랐습니다.
재혼하라는 어른들의 권유도 뿌리치시고
부엌에 앉아 콩깍지를 태우면서 두 아들을 붙들고 하염없이 우시던
어머니의 모습은 모성의 몸부림이었습니다.

어머니의 능력은 나이가 들면 들수록
더 생각나고 위대하고 귀하게 느껴집니다.

예수님을 믿고 난 후 어머니는 교회의 태동기 때 오셔서
우리 부부가 가난을 이기게 하려고
산본 수리산 밑 버려진 채소밭에서
채소를 뽑고 나물을 캐서 양식을 만들어 주셨습니다.

또 어머니와 흰돌산 기도원에 동행했던 어느 날,
새벽녘 피곤에 지쳐 누워있는 저를 보시고는
목사가 산에 와서 기도도 안하고 잔다며 크게 나무라셨던 어머니,
어머니는 육신적인 것뿐 아니라 영적인 부분도 돌보아주셨습니다.
어머니는 저의 생生과도 같은 소중한 분이었습니다.
어머니, 오늘도 너무 그립습니다.

22

헤어져도 후회 없이.

여보
당신을 사랑해요

몇 번이고
당신을 놓칠 뻔 했지만
주님의 은혜로
오늘까지 동행하는군요

천국이 있음을 믿지만
이별의 서러움은
목사도 별 수 없네요

누가 먼저 갈지는 모르지만
있을 때 잘 해주기로 해요
후회 없도록

갈릴리호수에서
풍랑 만난 제자들을 찾아가듯

목회 현장으로 함께 가요

행복은
환경을 다스리는
능력이 있잖아요

믿음의 조상으로
부끄러움 없이 살면
자녀는 행복의 후손이 될 것을 믿고
욕심 버리고 살아가요

우리
검은 머리 하얗게 바래도록
사랑하는 주님 안에서
좋은 부부되길 믿어요.

시작노트 # 22

제가 하나님 앞에 순종하지 못할 때,
받은 연단으로 아내의 몸도 연약해졌습니다.
아내는 심장병으로 몇 번이나 중환자실 신세를 졌고,
자다가도 응급실로 달려가는 등
저는 아내를 놓칠 뻔한 적이 많았습니다.

때로 몸이 아프고 힘들어 잠시 누워있을 때면
서로 두런두런 이야기를 나눕니다.

"우리 중 어느 한 사람이 먼저 가더라도 후회하지 않도록
평소에 잘하며 행복하게 삽시다.
목회가 내일 끝나더라도 후회 없도록 삽시다."

이 마음으로 지금까지 왔고 앞으로도 그렇게 살아가려고 합니다.

우리가 곧 헤어지는 날이 오더라도 후회가 없기를,
하나님과 사람들 앞에서 그렇게 목표를 정했습니다.

23

한 보.

설악산을
아내와 오른다

반보로 걷던 아내
이제는 한보로 걷는구나

나와 함께 걷는
아내의 한보
건강한 그 걸음걸음을

설악산이
빙긋 반겨 웃는다.

시작노트 # 23

2000년에 쓴 <반보>라는 시가 있습니다.

결혼한 지 이십 년쯤 지났을 때,
몸이 약한 아내와 반보로 맞춰 걸으면서
한보로 걷게 해주고 싶은 마음을 시에 담았었습니다.

아내와 저는 열심히 동행했더니
하나님이 건강 주셔서 지금은 한보로 걷게 되었습니다.
둘이 함께 설악산을 오르며
예전보다 한결 건강해진 아내 모습을 보면서
그 시가 생각이 났어요.

아내에게 하나님이 내 기도를 들어 주셨다고 말했더니
아내가 빙긋이 웃었습니다.
곁을 지나던 나무들도 노래하고 춤추고
산악도 빙긋이 웃는 것 같았어요.

연약할 때는
아픔과 시련을 함께 견디며
나눌 수 있음이 행복이었고

지금은 건강하게 동행하는 것이
참 행복입니다.

그때의
슬픔이

오늘의
감사의 조건입니다.

오늘의
감사의 조건입니다.

고향.

세월 많이 변해
내 고향 뒷길로
버스 다닌다

십리 걸어야 볼 수 있었던 차
동구 밖 공터에 쫓겨나 서 있다

볏짚 이엉 곱게 올린 정교한 용마루
단정했던 초가지붕
스레트 지붕으로 변했다

참새 둥지 틀고
겨울밤 안식한 초가지붕이
스레트 지붕 위
잔상으로 남는다

부잣집 친구 착실한 농부되고
가난해 배고파 울던 나
목사 되었다

경운기 소리
작은 동리 진동하는데
난 고향을 등진다.

얼마 전에 고향에 갔습니다.

참새 때가 몰려다니고
어린아이들이 온 동네 뛰어다니던 곳.

그러나 이제는 어린아이들 소리가 그치고
청춘이었던 분들은 머리가 하얗게 바랬습니다.

걸어서 장에 가던 길, 이제는 포장도로가 되어
참 편리해졌는데 사람들은 나이가 들었습니다.

저는 고향에 많은 땅이 없기에
둥지를 틀 자리가 없어서 떠나왔습니다.
그때 부잣집 내 친구는 자신의 땅에서 농사를 짓고
태양에 그을린 얼굴로 경운기를 힘차게 운전했습니다.

그때는 가난 때문에 시골을 떠났지만
시골을 떠나서 예수님을 믿게 되었고
하나님의 축복 속에서 살았습니다.

좋은 차를 타고 다시 고향을 찾았습니다.
그리고 이곳에서 자리 잡지 못하고 밀려난
힘든 과거 자체가
하나님의 큰 사랑이었음을 깨달았습니다.

그때의 슬픔이 오늘의 감사의 조건입니다.

오늘 다시
감사하는 마음을
가슴에 품어 봅니다.

아내여 사랑하오.

농촌의 아름다운 풍경을 보면서
소녀시절을 보내고
고학의 부푼 꿈을 안고 상경하여
어릴 때 영접한 주님 품 안에서
때묻지 않았네

시골 촌놈 어리석은 나와 만났네
결혼 후 지금까지 한결같은 아내가
삼남매의 엄마가 되었네

주일 오후시간 침대에 엎드려
잠자는 모습
너무나 피곤해서 울다가 잠이 들었네

콧잔등으로 흘러간 눈물이
예쁘라고 바른 화장을 지웠네
속으로는 미안하면서 시치미 떼고
모르는 척 하고 서재에 들어가
이 글을 쓰며 미안한 마음을 달래네

여보! 미안해
분명 하나님은
당신을 사랑하고 있을 거야

여보! 사랑해요
영원히…….

모처럼 아내와 한가로운 시간을 보내며 이야기를 나누었습니다.
천국 가신 어머님을 그리워하며 안타까운 마음을 털어놓았더니,
아내가 불쑥, 자신도 어머니(장모님) 생각이 난답니다.
그렇습니다. 부부는 서로의 부모를 먼저 잘 챙겨야 함을 알았습니다.

아내는 충청도 한 산골, 산수 좋은 곳에서 농부의 딸로 태어났습니다.
그리고 공부해 보겠다고 서울로 상경하여
어릴 때부터 믿던 예수님을 보호자 삼고
주경야독으로 젊음을 보내다가 나를 만나 결혼을 했습니다.

결혼식 날을 받아 놓은 어느 날,
그토록 사랑하던 아버지가 세상을 떠나셨습니다.
그러나 우체국 전보가 늦게 송달되어 고향에 도착하니
이미 장례는 끝무렵이었고 눈앞엔 봉분이 만들어지고 있었습니다.
아내는 서러움으로 한나절 내내 울음을 그치지 못했습니다.

개척교회 시절에는 친정 갈 차비도 없고 시간도 없어 몇 년을 미루다가
혼자 되신 어머니가 위독하시다는 소식을 듣고서야 내려가보니
효도할 기회도 주지 않으시고 떠나셨습니다.
부모님은 기다려주지 않는다는 말이 실감이 났습니다.
이젠 찾아가서 어리광 부릴 곳도 없게 된 외로운 아내.
흙으로 돌아가신 부모님 생각에 그리움만 가득한 텅 빈 친정집 찾아가
옛 추억에 사로잡혀 먼 산을 바라보면서

어릴 때 어머니 옷고름 잡고 따라간 기억, 아버지 손잡고 건너온 개울 둑,
함께 다니던 친구 영순이와 순동이 생각에 잠깁니다.
그래서 아내는 가끔 홀로 눈물짓는가 봅니다.

남편이 운전하는 차에 엄마를 모시고
민속촌 구경도 가고 싶었겠지요.
사느라 바빠 살아생전 자주 찾아뵙지도 못한 설움이
가슴에 맺히기도 했겠지요.
그러나 이제 다 불가능하게 되었다고 생각할 때
성령님이 찾아와 천국을 생각하게 하셨습니다.

"천국에는 눈물도 질병도 이별도 없고 안전사고도 없고
지난 번 고추 따서 이고 오시다가 다친 허리도 아프시지 않으실거야.
우리는 하나님이 사랑해 주시고 나도 당신 마음 알고,
아이들도 공부 잘하고, 행복이 있으니 이젠 슬퍼하지 맙시다."
아내의 두 손을 꼭 잡아주며 위로해주었습니다.

여보, 주례해 주시던 목사님의 기도대로
검은 머리가 희어져 파뿌리 되도록 서로 사랑합시다.
이것 역시 우리의 소원대로가 아닌 하나님의 절대 주권에 있으니
말씀 따라 하나님의 품 안에서 열심히 살아 봅시다.

먼 훗날 주님 앞에 갔을 때 좋은 종이라 칭찬받을 수 있도록
우리 열심히 삽시다.
사랑하오.

3

사랑을 시.작.하 다

We love because he first loved us

1 John 4:19

사랑한다.

알고 보니
그것이 사랑이었다

조건 없이
주고 싶고
보고 싶고
함께 하고 싶은 것

그것이 사랑이었다

아내는
나의 사랑을 담은 그릇

자녀, 이웃, 충성된 성도들도
모두 사랑의 그릇
물질 담을 그릇이 크면
부자라 부르는 것처럼
사랑 담을 그릇이 많으면
사랑의 부자, 행복한 사람

주님께서 날마다
사랑하는 법 가르치시니
나는 행복할 수밖에 없는
사랑의 부자.

제게는 아마도 사랑의 은사가 있는 것 같아요.
성도들을 만나고 이야기를 나누다 보면
자녀와 있을 때처럼 헤어짐이 싫은 거 있죠.
그리고 뭐든 자꾸 주고 싶어지는
사랑의 마음이 솟아납니다.

개척 초기에 저녁예배를 마치고
성도들과 두런두런 대화하다 보면
아내는 젖먹이 아이를 안고 옆에서 잠이 들고,
깊은 대화는 끊이지 않아
어느 새 새벽예배 시간이 되어
같이 새벽예배를 드리고 헤어진 적도 있었습니다.

저는 성도들과 함께 시간을 보내고
밥도 먹고 여행하는 것이 좋습니다.
왜 그럴까 생각해보니
하나님이 주신 사람 사랑의 은혜였습니다.

우리는 그 사랑 때문에
성민원을 통해 독거노인도 돌보고
매일 필요한 사람들에게 음식도 나누어줍니다.
사랑하기 때문에 일도 돌봄도 따라서 늘어났습니다.

자기의 이름을 나타내거나
육신의 유익을 위하여 일할 수도 있지만
저는 그저 주는 것이 좋았습니다.
동행이 행복이고 즐거움이었습니다.

이 행복을 가져온 제 안의 사랑,
그 역시도 제 것이 아니라
하나님이 성령으로 부어주신 사랑임을
알게 되었습니다.

그것은 하나님이 주신 최고의 선물이었습니다.

주님의 선물.

주님이 보내신 선물
하루하루 많아지니
매년 성장하는구나

때로는
마음,
육체,
영혼에
아픔을
주는 이도 있지만

없는 것보다 얼마나 좋은가!

외양간 더러움은
소가 있기 때문이요
자녀 키우는 수고
부모의 보람이라면

성도들을 통한 수고와 시련
참 목사 되게 하는
주님의 선물.

살아가면서 다양한 선물을 받습니다.
책도, 옷도, 돈도, 반지도,
많은 선물을 받지요.

저는 목사로서
가장 받고싶은 선물이 있다면
바로 예수님을 믿고 나아오는 성도들이
많아지는 것입니다.
그것은 최고의 선물입니다.

저는 그 동안 예배당 처소를 여덟 번 옮겼습니다.
하나님은 그때마다 예배당이 성도들로 가득 차게 만드셨습니다.
삼십 년 동안 교회는 계속 성장했습니다.

성도들의 모습도 참 다양합니다.
간혹 신앙의 유아기 때 상처를 받아 교회를 탓하며 화목을 깨고
교회와 목사를 비판적인 시각으로 바라보는 분들도 있습니다.
하지만 그 역시도 하나님의 선물이었음을 깨닫습니다.
그들이 있음으로 인해 목회자는 자신을 돌아보게 됩니다.

외양간이 더러워지는 것은 우리에 짐승이 살고 있기 때문입니다.
교회에 환난과 시련이 있음으로
목회자는 자신을 성찰하고 예수님을 바라봅니다.
하나님은 사람에게 실망하는 모든 순간을 통해 연단하시고
사람은 의지의 대상이 아닌
돌봄과 사랑의 대상임을 깨우쳐 주셨습니다.
이는 계속해서 부흥하는 우리 교회, 그리고 제게 주신
하나님의 선물이라 생각하며 늘 감사합니다.

-2009년, 창립 31주년을 맞으며

목마른 사람에게는
물이 필요하고,

허기진 사람에게는
음식이 필요하고,

영혼에 갈급함을
느끼는 사람에게는

하나님의 말씀이
참 필요합니다.

사랑하는 보배들아.

하늘만큼 높은 꿈
바다만큼 넓은 마음
진리로 이뤄지니
주님 닮은 보배들

"예수는 그 지혜와 그 키가 자라가며
하나님과 사람에게 더 사랑스러워 가시더라"

처음은 열악한 환경이라도
낙원의 행복 심는 이들
영육의 승리노래 세계 향해
토하는구나

불길처럼 타 올라라
흑암 밀어내고 의의 능력
온누리에 가득하도록
사랑하는 보배들아!

시작노트 # 28

아이들은 보배입니다.
저는 선교원에서 아이들이
무럭무럭 자라나는 것을 보며
미래를 준비했습니다.
말씀 안에서의 교육이 끊이지 않게 해서
더 보배로운 학생들로 자라도록 마음을 썼습니다.

궁극적인 목표는
키가 자라가며
하나님과 사람에게
더 사랑스러워 가신 예수님처럼
영육이 강건하고
인성이 아름다운 인격자로
성장하도록 하는 것입니다.

아이들은
언제나 내 맘 속에
그 무엇보다
아름다운 생명이자,
보배로운 영혼입니다.

짝사랑.

날은 밤을 돌고
어둠은 시간을 삼켰구나

주님은 내 사랑에 안식을 주었고
내일의 목회에 설레임 주셨구나

적막이 흐르는 밤
회중시계는
방 안에 심장되어 철썩이고
나의 영혼은
진리의 양식 사모하며 모여드는
택한 백성 보는도다

밤아
빨리 지나라
아침 태양 안고
사랑하는 이들 만나리라

심령의 매임 받으니
짝사랑도 행복의 씨 되누나

죄인을 짝사랑하신 주님
십자가 상의 그 맘은
행복하셨겠지요.

사랑의 메아리가 없을 때,
우리는 그것을
짝사랑이라고 합니다.

행복한 마음으로
열심히 헌신했지만 메아리가 없을 때
실망하기도 합니다.
그러나 그 좌절 속에서
우리는 하나님의 사랑을 체험합니다.

하나님은 우리에게 조건 없이 예수님을 보내주시고,
예수님은 자신을 사랑하지도 않는 사람들을 위해
십자가 위에서 피를 흘리셨습니다.

그 모습을 떠올리면
나는 짝사랑만으로도 행복합니다.

믿음의 대상,
의지의 대상이 아닌
사랑과 돌봄의 대상으로
사람을 바라보고
골고다 언덕을 바라보면
짝사랑도 큰 누림이 됩니다.

<u>30</u>

진리의 모닥불.

승리자만 받는 돌
기도의 동산 명패 붙이고
눈물의 기도 열매되었구나

아침안개 산악을 휘어 감으나
동녘의 태양 밤새 입은 안개 드레스
살며시 벗기는 때

한 나그네 바위타고
주님의 말씀 심취되니
까치 노래하고 꿩 뻐꾸기 장단 맞춘다

의인과 자연의 조화
행복 자체로구나

수고의 짐 벗고 가는
낙원 누림 믿음
섬김의 삶 통해 면류관 만드는
지혜자 길 선택케하심 감사

사랑의 가슴에
진리의 모닥불 피우리라.

시작노트 # 30

목회를 시작한 후에는
매일 하나님께 기도했습니다.

마음이 컬컬할 때면
흰돌산, 칠보산, 어디든 가서 바위 위에서 눈물로 기도를 드립니다.

'하나님 좋은 목사 되게 해주세요.
교회 부흥하게 해주세요.
새로운 힘을 주세요.'

그러고 나면 아침 안개가 쏴악 걷히고
산등성이 위로 태양이 솟아오르는 것이 보입니다.

영원한 영혼의 회복은 기도를 통해 이루어집니다.
산에서 기도할 때 자연을 보는 눈도 열리고
자신을 성찰하는 신령한 마음도 열렸습니다.

지금도 그때를 추억하며
행복한 진리를 깨달아갑니다.

잔치.

주님의 사랑 온 몸에 흘러
사망병 죄 씻은 이들
세속의 사슬 벗고
님의 품 양 되었구나

빈들의 마른 풀
시들고 지친 곳
단비 흘러
생명을 약동시키는구나

박토가 옥토 되고
미움이 사랑 되는 곳
속가슴 활짝 열어
진리를 영접하자꾸나

감사의 빛 마음
사랑하는 당신
맑은 시선의 안식처 누리도록
서로의 호수에 정담을 띄우고

주님 앞에
사랑받는 제직이 되어 보자.

가정에 잔치가 열리면
무엇보다 아이들이 참 좋아합니다.
맛있는 음식이 풍성하기 때문이겠지요.

우리 교회의 제직세미나는
가정에서 열리는 잔치와 같습니다.

목마른 사람에게는 물이 필요하고,
허기진 사람에게는 음식이 필요하고,
영혼에 갈급함을 느끼는 사람에게는
하나님의 말씀이 참 필요합니다.

그래서 저는 제직세미나를 시작할 때,
하나님의 말씀 배우고 난 후에
모든 제직들이 두 주먹 불끈 쥐고
세상을 이겨내는 모습을 상상하면
너무너무 행복합니다.

빈들에 마른 풀같이 시든 나의 영혼에
성령의 단비를 부어주시길 소원하는 찬송과 같이
제직세미나에는 설렘과 기대가 있습니다.

구원받은 성도들에게
최고의 양식,
최고의 복지,
최고의 행복은
하나님의 말씀이며
영원한 천국이라는 확신이 있을 때
말씀의 능력을 체험할 수 있습니다.

하나님은
우리의 빈 마음에

사랑을 주셔서

조건 없이

많은 사람들을

사랑할 수 있게
하셨습니다.

사랑 때문에.

성민들 모였어요
엄동설한에 대동한 모임
생강차 보온병에 담고
군경의 초소로 배달한 열정

노인대학 사랑의 손길
섬김 나눔 실천하다
사단법인 이름 달고
제일케어란 이름 위에
가정봉사원 파견센터

노인복지회관 운영 필두로
사랑 실천하다 여러 부서 태어났어요

잘하고 싶지도 않았고
많이 하고 싶지도 않았는데
사랑하다 보니
자연스럽게 태어났어요

돕지 않고는 견딜 수 없도록
주님이 사랑하는 맘 주셨어요
주님 영광 위해
사람 사랑하는 삶 자체가 행복인걸요

사랑할 수 있는 사람 많으니
힘주시는 대로
모든 사람과 함께
오직 주님의 뜻대로 살래요.

1998년 봄, 우리 성민원은 사랑 때문에 태어났습니다.
한때 지역의 경찰관과 군인들이 밤샘 비상근무를 하며 강추위에 고생하
는 것을 보고 우리 교회 여전도회 회원들은 힘을 합쳤습니다.
비상근무 기간 동안 생강차를 끓여 드리고 커피를 타서 밤 추위를 견딜
수 있도록 도왔습니다.

무언가 탄생할 때는
욕심에 의해 태어나는 것이 있고
의무 때문에 태어나는 것이 있고
환경에 의해 태어나는 것이 있습니다.
우리 성민원은 섬기고 나누는 사랑 때문에 태어났기에
더욱 소중합니다.

하나님은 우리의 빈 마음에 사랑을 주셔서
조건 없이 많은 사람들을 사랑할 수 있게 하셨습니다.
역시 사랑의 주인은 하나님이십니다.
성숙해가는 성민원을 통해 빈 그릇된 우리를 채워주신
하나님이 먼저 영광을 받으셔야 할 것입니다.

이 모든 것은 하나님이 주신 선물임을 깨닫고
늘 사랑을 쏟습니다.

휴가.

정신없이 자고 싶다
그래도 나의 무의식은
생각 목회의 선로를 달리고
습관 목회는 성경보고 기도하며
내일을 준비한다

눈 감으면 어려운 성도들 생각나
'주님이여 이들을 붙들어 주소서'
기도하고 기도하고…

이번에는 푹 쉬고 건강해져서
새로운 각오로 일 하겠다
다짐해도
젖먹이 둔 엄마의 휴가처럼
마음에 맴도는 이름들 있어

목회자의 진정한 휴가는
천국에 가야만 있는 것이려니…….

며칠 전 미시령을 넘어
춘천고속도로를 달려서 집으로 오는 길이었습니다.
오전 시간인데도 반대편 차로가
꽉꽉 밀려있는 것을 보니
휴가를 떠나는 차들이 많아진 듯 했습니다.

휴가는 새 일을 위한 하나의 시작점입니다.
모두에게 필요합니다.

하지만 휴가를 갈 수 없는 마음이 있습니다.
아이를 홀로 둔 어머니 마음,
그리고
목회자의 마음이
그렇습니다.

조용한 곳에서
잠도 푹 자면서 회복하고 싶지만
조금만 쉼을 얻으려 하면
가난하고 힘든 성도들이 생각나서
다시 전화기를 들고 놓지 못하는
내 모습을 보았습니다.

성령의 역사가 있으면 이처럼
목회사역을 벗어 날 수 없고
마음이 항상 교회와 성도를 향합니다.

어머니가 자녀를 두고 휴가 갔을 때 느끼는 그 마음을
하나님께서 진정 목회자에게 주시는구나
생각했습니다.

온전히

하나님의 예정 속에서

한 발짝

두 발짝

걸어왔음을

느꼈습니다.

아들아 돌아와.

사랑하기 때문에
기다리고
사랑하기 때문에
용서하고

사랑하기 때문에
과거를 묻지 않고
사랑하기 때문에
잔치 배설하고

배신한 아들 품에 안는
아버지 큰 사랑의 품으로
탕자야 돌아와

제 가슴에 아버지 사랑 심고
행복의 배 안에서 진리로 노 저어
세속의 물살 가르며
영생의 낙원으로 함께 가자꾸나.

돌아온 탕자에 대한 이야기를
들어보셨는지요.

아버지의 품을 떠났다가 탕자가 된 둘째 아들은
회개하며 돌아왔고,
첫째 아들은 아버지의 품을 떠나지 않고
그 권위와 누림 안에 있었지만
아버지와 마음을 달리했습니다.

아버지는 돌아온 둘째 아들을
사랑하여
용서하고
받아들였습니다.
그리고 실패하고 실수한 모든 것을
아버지 사랑으로 덮어주었습니다.

그러나 첫째 아들은
돌아온 동생의 생명보다는
과거의 잘못된 행위를 더 마음에 두었고
그를 선대한 아버지를
이해하지 못하고 불평했습니다.

이 말씀을 목회자로서 적용해 보았습니다.
성도들이 환난을 당하거나
시험에 들었다가 돌아왔을 때
그를 선대하면 종종 오래 함께한 사람들이
오히려 서운해 하고, 피해를 받는다고 생각합니다.

이렇듯 탕자는 집 안에도 있습니다.
만약 당신, 집을 나간 탕자라면 육체와 마음이 돌아오기를 바랍니다.
그리고 집안에 있는 탕자라면 그 마음을 돌이켜
아버지 마음을 품고 말씀에 순종하면서
더불어 살아가기를 바랍니다.

함께 갑시다. 영생의 낙원으로!

<u>35</u>

소명자의 길.

95년 어느 날
폭설이 길을 삼켰다

형체도 없이
길을 묻어 버린 눈
분주한 제설작업

내일은 주일
위험 무릅쓰고
거북이처럼 돌아오니
주일 새벽 시간

남이 대신 할 수 없는 자리
생명을 걸고 돌아온 길

필사의 정신으로
강단을 지키게 하심도
주님의 큰 은혜였구나!

95년도 겨울,
우리 성도들과 미시령 고갯길을 넘어
강원도에 가서 수련회를 했어요.

눈이 많이 와서 돌아오는 길은 다
눈길, 빙판길이었습니다.
그 미끄러운 길을
거북이처럼 엉금엉금 기어 오면서도
한 번도 쉬어가거나 포기하겠다는 생각이 없었어요.
오로지 끝까지 가야겠다는 생각만으로 달렸습니다.

삶의 목적이 있는 사람은 길거리에서 졸지 않습니다.

천국을 생각하며
하나님이 주신 사명을 깨닫고
분명한 소명의식을 가지면
어렵고 힘든 길도
결단코 포기하지 않아요.

이제는 저도 노병이 되었지만
베드로와 바울이 갔던
참 소명자의 길을
좌절도 낙심도 없이

끝까지 가고 싶은 마음이 있습니다.

십자가를 거꾸로 지는 한이 있어도,
분명한 소명의식만 있으면

그 길에
범사에 감사하고
항상 기뻐하고
쉬지 않고 기도하는 여유와
용서하는 너그러움이 있습니다.

한 그루 작은 나무.

무엇을 보고 닮아갈까
누구를 본받을까

참된 삶의 지혜를 찾으려
이곳저곳 힐끔힐끔
찾아보아도
피조된 만물은
본을 보일 수 없구나

지난 세월 희로애락의 삶 언저리
만남과 헤어짐의 추억담은 이들
그리움과 보고픔 마음의 샘 되니
낙엽진 한 그루 나무도
겨울을 맞는구나

찬바람으로 윙윙 울다
하얀 눈 소복 입히면
울음을 중단하고

태양 사랑 입히면
부끄러움 없이 알몸 드러내
파란 옷 길쌈할 능력 달라 칭얼대는구나

세세에 이루어진 일들
오직 님의 섭리로 믿으니

한 알 두 알 과일 따는 농부 마음
나무의 소중함 가슴 깊이 느끼듯
구원 열매 알알이 주시는
님의 은혜 더욱 소중하구나.

산에는 여러 나무가
심겨져 있어요.
어떤 나무는 열매를 맺었고,
어떤 나무는 그렇지 못했을 겁니다.

나무를 통해
인생을 보는 지혜의 눈을 열어봅니다.
주님은 나무를 그 열매로 평가한다고 하셨습니다.

사계절 중 봄과 여름에는
나무를 평가할 수가 없습니다.
가을이 되어야
좋은 나무인지 아닌지를 알게 되지요.

만약 농부의 마음을 시원케 하고 기쁨을 준다면,
거름을 주고 김을 맨 사람에게 열매를 돌려 줄 수 있다면
참 좋은 나무라 생각합니다.

자신을 양육한 부모에게
효도로 보은하는 자녀,
부부 간에 실망함 없이
사랑의 메아리를 돌려주는 부부,

하나님 사랑을 입어 구원받은 성도가
하나님의 뜻을 이루어
많은 사람들을 옳은 길로 돌아오게 하는
전도의 열매를 바치는 것,

이것이 행복한 인생이며 좋은 열매입니다.

전능한 능력으로 비와 햇빛,
그리고 땅을 주셔서 자라게 하시는
그분의 은혜를 늘 간직하면서 살면
인생의 좋은 열매를 맺을 것입니다.

우리는 한 그루의 작은 나무입니다.

당신의 삶은 부드러움과 강함으로.

잔잔한 바다 위
바람이 불어오고
바다는 성난 군중처럼
육지를 향해 돌진한다

하얀 모래사장은
부드러운 마음으로 맞아주고
파도의 성냄을 달래어
조용히 물러가게 한다

저만치 보이는 항구엔
성난 파도와 한판의 전쟁을
벌이고 있다

방파제는 배를 품에 안아
파도에 밀릴 수 없어
기세와 싸우며 배를 보호한다

아!
인생은 모래언덕처럼
포근하고 부드럽게 살길 원하나
주님이 주신 사명 위해
거센 파도와 한판 붙어서라도
영혼 보호함이 더욱 아름다운 것
깨닫게 된다.

바닷가에 서서 주위를 둘러보면 바다와
맞닿은 세 부분이 보입니다.

가파른 산을 지키며
파도와 끊임없이 싸우는 검은 바위,

무엇이 그 세계에 밀려 들어와도
품에 안아 부드럽게 물러가게 하는 하얀 모래사장,

배가 상할까봐 품에 안고
파도와 부딪쳐도 한 발짝도 물러서지 않고
물결을 막아내는 방파제입니다.

가정에서는
이것이 바로 가장의 역할과 마음일 것입니다.

부드러운 마음으로 맞아주는 모래사장이 되고 싶지만
한편 자신의 사명을 위해 거센 파도와 맞섭니다.

나무를 보호하기 위해, 배를 지키기 위해
우뚝 서 있는 그 모습이 참 귀합니다.

교회도 이런 역할을 감당해야 합니다.

영혼을 돌보며 진리를 세워가는 교회,
그리고 교회를 보호하는 이들의 마음이
바닷가 방파제와 같습니다.

성난 파도와 싸우며 영혼을 보호하는 것,
예수님의 마음 따라 가는 길입니다.

질그릇 된 나
진리 생명 뜻 담게 했어요

그릇은 담긴 물건에 의해 평가받으니
질그릇 된 나
생명으로 행복해졌어요

한 발짝, 두 발짝.

찬바람 문풍지 울린 세월
덧없이 흐를 뻔한 위기
긍휼 사랑 임해
추억 반죽 바구니
중년의 머리에 이고 돌산 오른다

신발 끈 졸라매고 돌부리 넘어
푸른 숲 박수 받으니
산등성 안개 같은 인생 안고

꽃 같은 명예 풀 같은 몸
우르르 당신 옳다고
경배할 줄 믿는 꿈 깨려무나

지난날 은혜로 살았다면
내일은 너의 날 아니요
현재가 주님의 보호의 열매라면
묵은 날의 종으로

찢어진 방충망 같은 세속 권력 믿고
평안할 줄 아는 장님

이젠 이십칠의 성숙함 안고
가시 엉겅퀴 밭 갈게 하신
행위의 보응임 알아
고난을 회개의 씨 삼고
오직 행복만 길리우려무나
이 창립의 날에…….

목회를 하면서 걸어온 길을
조용히 뒤돌아보았습니다.
순간순간이 하나님의 은총이었고
내가 한 것은 하나도 없었습니다.

온전히 하나님의 예정 속에서
한 발짝
두 발짝
걸어왔음을
느꼈습니다.

걸어온 길을 회상하며 산에 올랐습니다.
오르다보니
살아가는 과정이 대자연의 현상과
참 많이 닮아있음을 느꼈습니다.

지나온 길에는
엉겅퀴와
가시와
돌부리들이
참 많이 있었지만

모든 환경이
성숙으로 가는 과정이었습니다.

갈수록
목회는 사람의 힘으로 할 수 없음을 느낍니다.
하나님이 맡기신 소명이기에
모든 결과도 하나님께 다 맡기고
편안하게 가는 것이 행복이겠구나
생각하며 위로를 받습니다.

은빛 머리카락.

생로병사
짐 지고 가는 사람
빛 바랜 은빛 머리카락
바람에 흩날린다

검버섯 핀 얼굴의 주름 주름
고해에 시달린 인생의 훈장

쓸쓸함에 탄식하던
긴 밤 지나니
찬란한 태양 떠오른다

우리 교회 성도 믿음
복지새싹 자라난 지 어언 십 년
실버의 낙원이 되었구나

한 동안의 산고가 더없이 감사해
님 앞에 영광을 돌린다

시작노트 # 39

저는 목회를 시작할 때부터
마음이 어르신들을 향했습니다.

삼십여 년 전, 노인들은 소외계층이었습니다.
의료보장도 잘 안 되는 시절이어서
만나는 어르신들마다 종합병원처럼
다양한 질병을 앓고 있는 분들이 많았습니다.

노인들이 행복하려면 천국을 믿어야 합니다.
노인이 웃는 가정은 미래가 있습니다.
그래서 교회는 아이들 뿐 아니라
노인들의 특별한 낙원입니다.

생로병사의 짐 지고 가는
마지막 길은,
길과 진리와 생명 되신 그분을 통해서만
아름답게 됩니다.

앞으로도 이 복음을
믿고 전하며
노인들과 더불어
천국을 바라보며 살고 싶습니다.

고목에 핀 매화.

하늘만큼 높은 자녀 사랑
헌 섬에 가득 담고
얼굴에 잔주름 만큼
희로애락 수고의 길 열어
생로병사의 오솔길
조용히 걷는구나

풀과 같은 인생
풀의 꽃과 같은 명예
가을바람에 시들어 떨어져도
주님의 보혈로 살려 낸 영혼
날로 새로워
찬양으로 호흡하는구나

노년에 핀 행복 잔치
전능자의 화답이
은혜로 임하는구나.

고목에 핀 매화는 참 아름답습니다.

노년의 어르신들이 합창을 하고
찬양을 하는 모습은 마치
고목에 핀 매화 같습니다.

그래서
어르신들이 어린아이와도 함께 찬양하며
하나님께 영광을 돌리게 하고자
2003년에 처음 성민실버합창단을 시작했습니다.

아이들은 어른들과 찬양을 하면서
이전 세대의 수고와 역사를 배우고
어른들은 아이들과 함께 찬양하면서
옛 추억에 잠겨 행복해 하는 모습을 보았습니다.

1·3세대의 조화가 참 아름답습니다.

꽃처럼 나비처럼.

낙엽 뒹굴 땐
노인들 맘이 저려오고
찬바람 불어올 땐
서민들 신음소리 커져
쓸쓸함이 느껴져요

영혼없는 마네킹처럼
무표정한 얼굴

세속의 찌든
죄짐 진 사람들 얼굴
고해 풍랑 보여져요

물 위로 걸어오신 님
죄짐 담당하고
거룩한 영 질그릇에 가득
담아 주심 감사하여

즐거움이 꽃처럼 나비처럼
하늘 향해요

겉사람 세속의 바람에
낙엽처럼 정처없고
찬바람 뼛속 타고 들어와도
나의 힘이 되신 여호와로 인해
즐거워할 뿐이에요.

봄 지나고 여름 지나
가을 찬바람에 단풍잎 우수수 떨어질 때,
저는 노년의 어르신들을 생각합니다.
그리고 찬바람이 확 불어올 때면
이번 추위에 서민들이 또 얼마나 힘들까 걱정이 됩니다.

군포에 이사 와서 제 아내와 첫 겨울을 맞았을 때도
툭 하면 연탄불이 꺼져 고생했습니다.
연탄 두 장을 사서 새끼줄에 꼬아
양손에 들고 올 때면
겨울 서민의 서러움을 한껏 맛보았습니다.
그래도 우리 부부는 마음만큼은 부자였습니다.

요즘 투쟁하는 사람들이 보입니다.
세상의 것을 찾아 헤매며 무언가를 손에 넣으려 하는데
하나같이 기쁨 없이 웃음 없이 무표정한 얼굴입니다.

그들이 바다에 떠있는 하나의 조각배처럼
불안한 모습인 이유는
진정한 행복과 기쁨을
영혼에 두지 않았기 때문일 것입니다.

영의 눈으로 인생의 최종 목적을 바라보면
여호와로 인하여 기뻐하는 마음을 가질 수 있습니다.

쓸쓸한 환경, 좌절할 수 밖에 없는 환경 속에서도
여호와를 생각하고 성경을 보고 말씀으로 위로 받으니
제 마음에 즐거움이 잔잔하게 스며듭니다.

즐거움은 여호와 한분으로만 가능합니다.

다시 일어섭니다.

질그릇 된 나
진리 생명 뜻 담게 했어요

그릇은 담긴 물건에 의해 평가받으니
질그릇 된 나
생명으로 행복해졌어요

조용히 찾아온 밤
하루의 끝을 알리는 어둠
유학 떠난 자녀들
방마다 텅 비어 추억만 가득

꿈 많은 삼십 대 지나
분주했던 사십 대
피곤과 싸운 오십 대 끝내고
새롭게 시작하는 육십 대 시작 되었어요

다시 일어섭니다
속사람의 힘으로
주님이 오라는 그날까지

살아도 죽어도
님이 계시기에
질그릇엔 생명과 행복이
가득 담깁니다.

그릇은
외모가 아니라
그 속에 담긴 것에 따라
평가를 받습니다.

질그릇된 사람은
비록 외모가 잘나지 않아도
마음 속에 아름다운 인격을 가지고 있으면

영혼의 기쁨이 살아납니다.
하나님의 영이 거하면
하나님의 사람의 대접을 받습니다.

질그릇은 때에 따라 필요가 다릅니다.

어릴 때는 배움을 채우고,
청년 때는 능력을 채우려 노력하고
불혹을 넘어서면 많은 일을 채우지만,
오십 대가 되면서 시간이 부족하다 호소하게 되고,
육십 대가 되면 건강을 갈망합니다.

때마다 질그릇 나름대로의 갈등이 있는 것입니다.

우리 모두는 질그릇입니다.

무엇을 담느냐에 따라 가치가 다릅니다.

제게는 빈 마음에
하나님의 능력과 성령을 담으면
하나님이 아끼는 사람이 된다는 믿음이 있습니다.

군포제일교회

나사로와 부자가 함께 어우러져
차별없이 사는 것은
세상에서는 불가능해 보입니다.

그러나 교회 안에서는
예수님 안에서는
가능하다 생각이 들어
그 날을 꿈꾸어봅니다

각오.

나의 생명 회복 주신 은혜
잊을 수 없습니다
긴 세월 목양 길
중단할 수 없습니다

택하여 맡겨주신
주님의 백성들
소홀히 할 수 없습니다

아흔아홉 마리 양 두고
길 잃은 한 마리 양 찾아 들녘 헤매시는
주님의 사랑 실천

적은 것까지 아끼란 뜻 깨달아
교만 태만 뿌리 뽑고
빚진 자의 자세로 갑니다

내 뜻 숨겨지고
주님의 뜻 나타나길
손 모아 봅니다

길 진리 생명 되신 주님
요새의 포구 은혜임 알아
온 몸 마음 정성 다해
주님께 묻고 가는 인생 길 가렵니다.

우리에겐
나름대로의 각오가 있습니다.

사랑받은 사람은
보답하겠다는 각오가 있고,

부모님은 자녀를 잘 양육해 보겠다는
각오가 있습니다.

믿는 우리는 그것을 기도제목이라고 이야기합니다.

제 인생은 전부가 하나님의 은혜였습니다.
그래서 어떻게든지 하나님 뜻대로 살고자 했습니다.
이것은 저의 각오입니다.

하나님께서 예수님을 이 땅에 보내셔서
구원 사역을 이루신 것을 보며
그 과정에 동참해서 온 몸과 마음을 다 드려
순종하며 목양하겠다고 매일 다짐합니다.

이 각오가 기도가 될 때 늘 감사합니다.
그리고 마음은 참 평강을 얻습니다.

<u>44</u>

그날을 꿈꾸라.

열심히 일하고 사랑하며
행복을 노래하고
서로 섬기면서
기쁨 가득 환하게 웃는 날

넓은 대지 큼지막한 건물
탁트인 정원에서
노인 아이 장애인 비장애인
빈부의 담 넘고 함께 손잡고
신령한 가족 사랑 우물에서
샘물 마시며 낙원으로 행하는 날

오직 성령의 능력으로
변화와 회복 은혜 풍성해
주체할 수 없을 만큼
많은 사람들과
영육의 복 받는 날 꿈꾸어요.

미국에서 흑인 대통령이 선출되는 것은
꿈 같은 일이라고 생각했습니다.

그러나 그 꿈이 이루어졌습니다.

누군가의 꿈이 현실이 된 것처럼
우리가 좋은 꿈을 많이 꾸고 열심히 노력하면
좋은 환경이 오고 결과가 아름다워집니다.

믿음은 들음에서 나며
들음은 그리스도의 말씀으로 되듯,

좋은 꿈을 꾸고 있다면
좋은 환경으로 가고 있다는 뜻입니다.

저는 꿈이 있습니다.

가난한 사람과 부한 사람, 모두가 환경은 다르지만
그럼에도 함께 좋은 것을 나누며 뛰놀 수 있는
환경을 만들고 싶은 마음이 굴뚝같습니다.

나사로와 부자가 함께 어우러져
차별없이 사는 것은 세상에서는 불가능해 보입니다.

그러나 교회 안에서는,
예수님 안에서는 가능하다 생각이 들어
그날을 꿈꾸며 다시 시작해봅니다.

시인의 언덕

아금 급씹으매
우제 흙으로 녹아내린
허무의 눈 닫고

시인의 언덕
SEASON 2

사랑을 심는 걸 보니
행복하겠네요

GoodTV 〈권태진 목사의 시인의 언덕〉 방영 목록

1회	반보	08.11.30		28회	보훈의 달에	09.06.15
2회	가로등	08.12.07		29회	샘물	09.06.22
3회	갯벌을 보며	08.12.14		30회	6월	09.06.29
4회	성탄절	08.12.22		31회	살아도 죽어도	09.07.06
5회	새해를 맞으며	08.12.29		32회	바람	09.07.13
6회	행복의 텃밭	09.01.04		33회	행복	09.07.20
7회	눈밭	09.01.11		34회	포기할 수 없습니다	09.07.27
8회	어떤 환경도 좋아요	09.01.18		35회	이렇게 살리라	09.08.03
9회	설날	09.01.25		36회	휴가	09.08.10
10회	희망의 노래	09.02.01		37회	섬겨라	09.08.17
11회	어둠의 화폭에 빛 되었으면	09.02.08		38회	통일의 손 꼽으며	09.08.25
12회	난 태양을 보리라	09.02.15		39회	메밀꽃 피는 동심	09.09.07
13회	사랑	09.02.22		40회	열매로 말하라	09.09.21
14회	봄의 문턱에	09.03.01		41회	추석	09.09.28
15회	생명	09.03.08		42회	가을	09.10.05
16회	행복노래	09.03.22		43회	님의 가슴으로 세상을 보노라	09.10.13
17회	봄이 가져다 주는 행복	09.03.29		44회	갈릴리에서	09.10.20
18회	좋은 것 심어요	09.04.05		45회	억새풀	09.10.27
19회	부활	09.04.12		46회	남은 날	09.11.03
20회	갈릴리 호수	09.04.19		47회	불타는 산	09.11.10
21회	십자가 사랑	09.04.26		48회	추수감사	09.11.17
22회	큰 선물	09.05.04		49회	사랑	09.11.24
23회	어머니	09.05.11		50회	반석 위	09.12.01
24회	참 스승	09.05.18		51회	하늘땅 축제	09.12.15
25회	빗물을 눈물로 느낄 때의 추억	09.05.25		52회	사랑의 꽃	09.12.22
26회	오월의 기도	09.06.01		53회	희망의 새해	09.01.01
27회	일어나자	09.06.08		54회	질그릇에 담은 보배	10.01.12

겨울

봄바람은 잎과 꽃에 불어 넣고

따뜻한 시선 머무니
온 가정 행복의 태양 빛 가득하다

가을날

여보게 당신의 밭 나무에
열매가 있는가

이젠 벗어 봅니다
詩 권태진 목사

난 꿈이 있어요
난 행복해요

한 길, 한 나라 가면
먼저 가도 나중 가도
서로 만날 날 보장되고

성경에 보면 예수님을 만나는
모든 사람들은 행복해졌어요

동녘의 태양이
힘차게 떠오릅니다

구구절절 진리임 알아
순종의 맘 키웁니다

사랑

시인의 언덕

밀려나자 새롭게 하자
전능자 영의 권세옷 입어

권태진 목사

가시 주머니
알밤 토해내는 때

노병의 눈물

후버댐에서

권태진 시인의 시/작/노/트 02

시.작.하다

지은이 • 권태진
초판발행 • 2016년 7월 3일
2쇄발행 • 2016년 7월 20일
등록번호 • 제 2003-6호
등록된 곳 • 경기도 군포시 군포로 487, 402호
발행처 • 도서출판 성빛
전화 • 031-397-6754
팩스 • 031-397-9241
이메일 • gpjeil@gmail.com
홈페이지 • www.gunpojeil.org
ISBN 978-89-87187-26-6 (04230)
       978-89-87187-24-2 (SET)